EUGÈNE DE MOGURE

RES PUBLICA

(Ni République ni Monarchie.)

PARIS

LIBRAIRIE POLITIQUE, AGRICOLE ET SCIENTIFIQUE

André SAGNIER, Éditeur

7, CARREFOUR DE L'ODÉON, 7

RES PUBLICA

EUGÈNE DE MOGURE

RES PUBLICA

(Ni République ni Monarchie.)

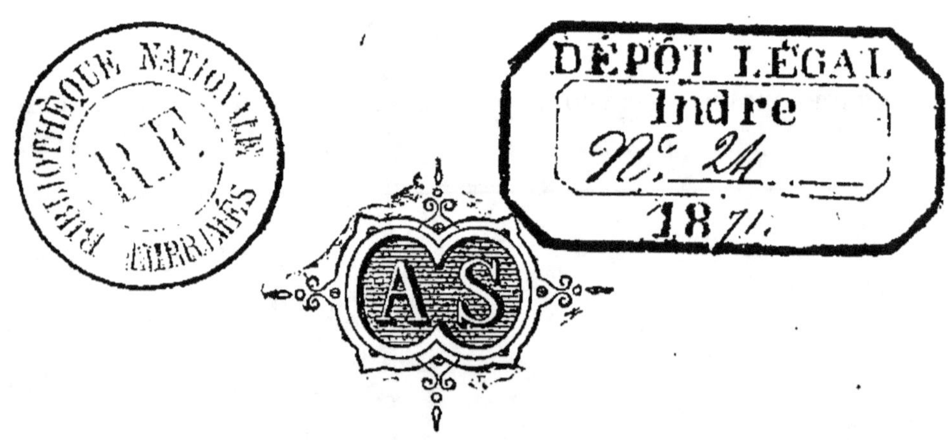

PARIS

LIBRAIRIE POLITIQUE, AGRICOLE & SCIENTIFIQUE

André **SAGNIER**, Éditeur

7, CARREFOUR DE L'ODÉON, 7

1872

1871

L'idée qui a inspiré les pages qui suivent pourra sembler une rêverie ; mais tous ceux qui possèdent quelque amour pour la France, tous ceux qui, faisant abstraction de leurs préférences politiques, ne considèrent que l'intérêt général, n'hésiteront pas à s'y associer.

Le titre de cet ouvrage indique à quel point de vue nous nous sommes placé pour faire l'examen des deux sortes de gouvernement aujourd'hui en présence. Nous avons pris soin d'écarter, autant que possible, toute idée préconçue en matière politique pour ne donner à notre esprit qu'un objectif, la chose publique, Res publica.

Si nous disons : « Ni monarchie, ni république » c'est que ces deux termes ne signifient plus, suivant nous, un état de choses nécessaire et conforme à nos besoins présents.

Certes, il est utile et bon d'étudier le passé et de profiter des leçons qu'il nous a données ; mais il ne faut pas oublier qu'avec le temps notre manière d'être, nos intérêts ont profondément changé.

Les formules qui représentaient, il y a cinquante ans, notre situation politiqne sont demeurées les mêmes, bien que cette situation ait varié. Ce sont encore ces formules, fausses aujourd'hui, qu'on emploie ; c'est par elles que l'esprit se laisse subjuguer. La cause principale de nos dissensions civiles ne doit pas être cherchée ailleurs.

Le sort de tous les gouvernements bâtis l'histoire à la main, est de s'écrouler bientôt d'eux-mêmes parce que les bases sur lesquelles ils doivent reposer aujourd'hui ne peuvent servir aux institutions anciennes dont on les compose.

Que nous faut-il ? Voilà la première question que nous devons nous poser. Pour la résoudre, nous ne devons pas rechercher les rapports que notre situation actuelle peut *avoir avec celle des peuples anciens et imiter les institutions qui les régissaient alors. Nous devons examiner notre propre nature, nous consulter et ne croire que nous-mêmes.*

Il ne faut pas non plus qu'après nos longs et vains efforts, nous accusions la Providence et nous nous endormions dans l'attente. Notre bien-être ne peut venir que de nous-mêmes ; et, si réellement nous ne devions attendre la liberté que de la bonne fortune de quelque aventurier hardi, sans travail, sans vertus politiques, la liberté ne vaudrait pas la peine d'être souhaitée.

Octobre 1871.

RES PUBLICA

I

« Il s'agit, en ce moment, pour le pays, des plus grands intérêts imaginables ; il s'agit de régler son sort présent et futur ; il s'agit de savoir si c'est d'après la tradition glorieuse de mille ans, qu'il doit se constituer ; ou si, s'abandonnant au torrent qui précipite aujourd'hui les sociétés humaines vers un avenir inconnu, il doit revêtir une forme nouvelle, afin de poursuivre paisiblement ses nobles destinées.

» Ce pays, objet de l'attention passionnée de l'univers, sera-t-il république ou monarchie ? Adoptera-t-il l'une ou l'autre de ces deux formes de gouvernement qui divisent aujourd'hui tous les peuples ? Quel problème plus grand fut jamais posé devant une grande nation, dans les termes où il se pose maintenant devant nous ?

» Je le demande, messieurs, est-il bien étonnant que ce problème nous agite ? Plus nous sommes sincères et plus nous sommes patriotes, plus il doit nous agiter. Et voyez, regardez les nations, elles sont presque aussi troublées que nous du spectacle extraordinaire que nous leur donnons ! »

Ces lignes, extraites du message adressé le 13 septembre 1871, à l'Assemblée nationale, par le Président de la République française, peignent, dans toute sa vérité, la situation actuelle du pays.

Aujourd'hui que la France est à peu près remise des terribles catastrophes qui ont failli causer sa ruine complète, il s'agit de lui procurer les moyens de revenir à son ancienne splendeur.

L'ordre matériel est rétabli, grâce à la bravoure de l'armée et au désintéressement de ses chefs ; le drapeau tricolore a vaincu l'ignoble emblème arboré par une démagogie sanguinaire; aucun danger imminent ne menace le pays; c'est donc le moment d'assurer cet ordre, de profiter de la victoire du drapeau national et de faire naître dans les esprits la sécurité d'un avenir lointain.

Mais ce n'est pas seulement en renouant les traditions du passé, quelques glorieuses que soient ces traditions, que nous obtiendrons un résultat satisfaisant.

A côté de la tâche se trouve le problème, car nous avons à rechercher à propos de certaines questions des voies entièrement nouvelles.

De même que nos intérêts, nos besoins ont changé; avant de donner à la France un gouvernement définitif, nous devons donc étudier, sans parti pris et avec abnégation de nos préférences particulières, les institutions les plus propres à satisfaire nos nouveaux besoins.

Laissons-nous guider, dans cette étude, par l'unique amour de la patrie et de l'égalité; et, le choix que nous ferons ne pourra que répondre aux intérêts et aux vœux de tous.

Un de nos premiers soins doit être de rendre à la France la place à laquelle elle a droit en Europe ; il ne faut pas qu'à l'avenir, une nation puisse se permettre de lui parler du ton que s'arroge envers elle M. de Bismarck depuis de trop longs mois et que nous sommes réduits à tolérer.

Nous devons pour cela apporter au moins pendant quelque temps, une grande réserve dans nos relations extérieures ; nous devons nous recueillir, écouter beaucoup et parler peu.

L'absence de notre intervention et de notre pondération dans les conseils de l'Europe doit être remarquée et regrettée comparativement à l'influence hautaine qui l'aura remplacée.

La politique extérieure de la France n'est plus gênée par aucun engagement, par aucun devoir de réciprocité ni absolu ni relatif.

Aucune nation ne pourra donc être surprise quand, à la venue d'une grande crise européenne, et l'avenir nous en garde encore, nous ne nous inspirerons que de nos intérêts pour nous en tenir éloignés égoïstement et pour chercher à en profiter.

Mais c'est surtout notre état intérieur que nous devons étudier ; la gravité de nos plaies demande d'énergiques et prompts remèdes.

La France a malheureusement oublié les pures et mâles vertus qui font la prospérité d'un peuple. Son éducation morale et politique est presque complètement à refaire.

De nos jours, la loi n'est plus ni respectée ni obéie ; chacun ne cherche qu'à l'éluder. On a perdu la saine pratique de l'honnêteté et de la probité et c'est à peine si ces deux principes trouvent encore un refuge dans la vie de famille.

La vie de famille elle-même disparaît de plus en plus ; aussi voyons-nous l'ivrognerie des hommes et la débauche des femmes prendre des proportions effroyables et, conséquence non moins triste, l'accroissement de la population devenir insignifiant.

Une existence de frivolités, de jouissances, de plaisirs malsains et de luxe délétère a succédé à la vie sérieuse et occupée et a tué en nous tout patriotisme.

Pour remédier à ce triste état de choses il faut que l'instruction, à tous les degrés, soit largement répandue.

Le pays doit comprendre que ses destinées sont dans ses mains et qu'il ne doit pas s'en reposer exclusivement sur celui qui gouverne. C'est à lui qu'appartiennent le soin et le devoir de veiller prudemment et fermement sur ses intérêts moraux et matériels.

L'indifférence est plus funeste qu'on ne croit et c'est à elle que nous devons nos plus grands malheurs.

Il faut aussi que la propriété ne soit plus un objet d'envie ou une cause de haine. Les masses doivent reconnaître enfin qu'elle n'est que la représentation, légitimement transmise de père en fils, du travail accumulé et que cette richesse est abordable à tous.

Une société sans hiérarchie est, d'ailleurs, impossible et l'égalité, en dehors de celle devant la loi qui est celle de droit commun, doit consister en ce fait que l'accès de toutes les classes sociales reste constamment ouvert à l'intelligence, au travail, à la probité.

Le prolétaire d'aujourd'hui peut devenir par le mérite de ses œuvres, le patron ou le bourgeois du lendemain.

Jusqu'à présent, la France a sacrifié tantôt l'ordre à la liberté, et tantôt la liberté à l'ordre. Finissons-en avec ce jeu funeste.

Il faut que le gouvernement futur, quel qu'il soit, tienne d'une main aussi ferme qu'habile les rênes du char auquel doivent être attelés ces deux coursiers si difficiles à accoupler qui s'appellent l'*ordre* et la *liberté*. Il faut trouver les conditions bien équilibrées de leur co-existence.

Un gouvernement n'est réellement fort que lorsqu'il peut assurer la liberté, et une liberté moyenne permanente vaut mieux que ces intempérances de liberté qui deviennent fatalement la grande route qui conduit au despotisme et à la révolution.

Ce qu'il nous faut c'est la liberté réelle et pratique, cette vraie liberté qui, faisant le bonheur du simple particulier, assure et garantit l'indépendance du citoyen.

Craignons et repoussons au contraire cette liberté exagérée et fausse qui met aux mains de ceux qui la réclament les moyens d'égarer et de passionner les masses, de les conduire incessamment à l'assaut des gouvernements et de la société.

Mais il est un despotisme encore plus terrible et plus dangereux que celui d'un prince, c'est le despotisme des démagogues. Les chartes ou les constitutions peuvent, jusqu'à un certain point, nous mettre en garde contre le premier; mais elles sont impuissantes pour nous sauver du second.

Ce n'est que dans une sage réglementation du suffrage universel que nous trouverons les moyens de nous préserver du despotisme d'en bas.

Tel qu'il fonctionne aujourd'hui, le suffrage universel, avec son apparence d'équité, est la pierre d'achoppement des temps modernes. Il déroute les penseurs, car il a produit une série de phénomènes inattendus et restés inexpliqués, il a donné les résultats les plus contradictoires.

Ses avantages priment-ils ses inconvénients, ou, ses inconvénients dépassent-ils ses avantages ?

La question est si ardue, elle est si insuffisamment étudiée que le moment n'est pas venu de la trancher irrévocablement. Mais ce qui paraît bien acquis dès à présent, c'est que la qualité d'électeur doit exiger aujourd'hui des garanties de moralité plus grandes et plus sérieuses qu'autrefois.

Il faut éloigner du scrutin toute la population nomade des grands centres et c'est en demandant, comme condition essentielle du droit de voter, un temps de résidence assez long dans un endroit, que nous posséderons le suffrage universel justement tempéré.

Telle est, en peu de mots, la tâche que nous devons accomplir ; telles sont les réformes nombreuses et importantes qu'il nous faut faire si nous voulons donner à la France une ère nouvelle de prospérité et de gloire.

II

Quelle est la forme de gouvernement la plus propre à nous conduire au but que nous souhaitons tous : la reconstitution du pays sur de larges et solides bases ?

En d'autres termes, la France sera-t-elle *République* ou *Monarchie ?*

Le problème est complexe ; pour le résoudre, il est nécessaire d'examiner attentivement les garanties que présentent l'une et l'autre de ces deux formes de gouvernement, de les peser mûrement, de les étudier sous toutes les faces.

Hâtons-nous de le dire, il n'est pas de gouvernement plus beau, plus conforme aux aspirations de l'homme et, en même temps, plus juste, que le gouvernement républicain.

Montesquieu l'a défini : « Le gouvernement où le peuple a la souveraine puissance. »

Nul ne peut le contester, s'il y a un souverain, c'est, après Dieu, la société pour laquelle le gouvernement doit être fait, car elle seule peut connaître ses besoins, ses intérêts et posséder le désir de les satisfaire. Ce n'est donc pas à un être particulier, mais à l'ensemble des sociétés qu'appartient la révélation du droit ; car le droit ne saurait être que ce qui est utile à tous.

Certes, un gouvernement où la chose publique serait dirigée par tous les citoyens étroitement unis dans cette pensée, l'amour de la patrie ; où les pouvoirs fréquemment retrempés dans l'élément où ils ont puisé la vie, resteraient sans cesse la représentation exacte de la volonté de tous ; où la liberté absolue de contrôle serait assurée ; où, enfin, tous les membres de la grande famille sociale, sincèrement réconciliés, n'auraient qu'un but, la prospérité de la nation ; un gouvernement semblable serait pour un peuple la réalisation du bonheur parfait.

Mais est-il praticable, en France surtout, où, pour beaucoup de gens, le mot liberté est le drapeau de la révolte, et, où la révolte veut dire la vengeance?

Si la République est opprimée et dégénère en despotisme, a dit Montesquieu, il n'en faut pas tant accuser l'ambition de quelques particuliers que l'homme lui-même, toujours plus avide du pouvoir à mesure qu'il en a davantage et qui ne désire tout que parce qu'il possède beaucoup.

De tout temps les républicains, ou ceux qui se disent tels, se sont plu à bercer le peuple des théories démocratiques les plus pures.

Ils ont été écoutés, parce que les masses dont l'instruction est malheureusement fort limitée, loin d'approfondir les idées paradoxales qu'on leur jette à la tête, se laissent toujours prendre aux mots sonores, aux phrases ronflantes. Et les apôtres de la démocratie sont passés maîtres en l'art de faire ronfler les phrases.

Mais la Providence, dans ses desseins cachés, a permis que tous ces beaux parleurs en vinssent à l'action. L'occasion s'est offerte de mettre en pratique leurs belles théories ; occasion d'autant plus favorable que tout était à refaire.

Pour accomplir leur œuvre de régénération, ils avaient le champ libre. La France haletante, éperdue demandait un sauveur ; elle n'avait plus de volonté et s'en remettait entièrement à celui qui voudrait la diriger.

Des faits se produisirent alors de nature à prouver bien mieux que toutes les démonstrations, l'inanité des théories démocratiques si souvent exposées et prônées par les républicains, et la difficulté, pour ne pas dire l'impossibilité de leur application.

Après le désastre de Sédan, des hommes d'une ambition démesurée, s'emparèrent du pouvoir. Le pays, tout entier sous le coup de la honteuse capitulation de la veille, accepta le nouvel état de choses créé par cette usurpation.

Ce qu'étaient ces hommes, l'histoire le dira un jour. On s'étonnera peut-être alors que nous ayions accepté de bonne foi, avec reconnaissance même, ces politiques bourrés d'histoire et de philosophie.

Mais nous qui, depuis vingt ans, avions laissé à d'autres le soin de veiller sur nos destinées ; nous qui, endormis, énervés par la possession et les jouissances faciles de l'empire, avions abandonnés jusqu'aux plus simples devoirs du citoyen, nous pouvions croire, jusqu'à un certain point, à l'énergie et au courage des unes, à la science organisatrice et au prestige des autres.

D'ailleurs, l'un, et c'était sur celui-là que se reposaient toutes nos pensées de résistance, avait une réputation d'honnêteté et de courage militaire que tous ses revers n'ont pu détruire tout entière. Les autres avaient tant de fois porté à la tribune les

mots de probité, de désintéressement et
d'honneur que nous les avions crus sur
parole.

Et puis, ce gouvernement s'intitulait
avant tout : *Gouvernement de la défense nationale*, (une trouvaille que cette enseigne !)
Il avait pris pour devise cette phrase su-
perbe que les événements ont, malheureusement, ridiculisée depuis : « pas une pierre
de nos forteresses, pas un pouce de notre
territoire. »

A ce cri de guerre qui valait bien, après
tout, la fière devise des Anglais : « Dieu et
mon droit » le pays jeta un cri de rage et
la France entière se leva.

Ce fut un merveilleux spectacle que cet
élan sublime qui nous eût conduit à la dé-
livrance s'il eût été bien dirigé.

Orléanistes et légitimistes, monarchistes
et républicains, tous coururent aux armes,
et, devant la patrie en danger, tout dissen-
timent fut oublié.

Les Charette, les Cathelineau poussèrent

leur cri de guerre et la Bretagne et la Vendée, ces deux pays français par excellence, se soulevèrent non plus cette fois au cri de « vive le roi ! » mais à celui de « vive la France ! »

On sait ce qu'ont fait ces légions improvisées, mal chaussées, mal vêtues, mal armées, mais remplies de foi dans les destinées de la France et d'amour pour la patrie. Les volontaires de l'Ouest se firent écraser à la retraite d'Orléans, les zouaves pontificaux s'immortalisèrent à Patay, dans ce combat mémorable, où un contre dix, contre cinquante peut-être, ils vengèrent dans le sang bavarois les martyrs de Bazeille et les vendus de Sedan.

Pendant ce temps, le parti démocratique qui, à la voix de ses chefs parvenus au pouvoir on sait comment, devait se lever en masse et nous rendre la victoire, ce parti était en proie à l'anarchie et à la confusion.

Les hommes du Quatre septembre, ces grands politiques et ces profonds législateurs, nous avaient bien donné des préfets

et des administrateurs ; mais, nommés au
gré de leurs préférences ou de leurs fantai-
sies, ces préfets et ces administrateurs se
trouvèrent des nullités prétentieuses, des
niais incapables ou, plus encore, des hommes tarés qui n'osent se montrer qu'à l'é-
poque des révolutions.

Ces hommes, incapables de toute autre
mission que de celle de jongler avec la loi
et de désorganiser le pays, nous condui-
sirent de désastre en désastre jusqu'au com-
plet épuisement de la France.

Quand la haine que tout cœur patriote
ressentait pour l'auteur insouciant de nos
calamités se fut assouvie, quand le calme
rentra dans les esprits et quand la réflexion
fit place aux premiers emportements, toute
illusion s'évanouit, toute confiance dis-
parut.

Le gouvernement de la défense nationale
était tombé dans les erreurs des gouvernements précédents, tant il est vrai que les
grands avantages de la liberté font que l'on

abuse de la liberté même et que tout homme, quel qu'il soit, qui a du pouvoir, est porté à en abuser.

La France abasourdie, agonisante, laissa faire le 18 mars, et nous vîmes une génération, dont parle Salluste, qui ne peut avoir de patrimoine, ni souffrir que d'autres en aient.

Cette chute était inévitable et la même cause qui perdit la république romaine perdit aussi la France.

Tant que les pouvoirs institués à Rome, c'est-à-dire les Consuls, le Sénat et le Peuple, ne firent que se contrebalancer et que l'un ne domina pas entièrement les autres, loin de nuire à la république, ils lui furent très-utiles.

Par leur heureux partage, ils se servaient mutuellement de barrière lorsqu'ils voulaient agir indépendamment. Cette sage disposition maintint pendant près de cinq cents ans la liberté dont le peuple romain était si jaloux.

L'ambition et l'opulence furent la source de tous les désordres qui perdirent la république romaine.

L'amour des richesses engendra l'amour des dignités et dès que les suffrages se vendirent, toute la sage économie de l'édifice gouvernemental s'écroula.

La succession de la république devait échoir au citoyen le plus audacieux. Sylla fut ce citoyen ; il se fit dictateur par la force et la violence, et son autorité fut d'autant plus grande et plus absolue qu'il se trouva posséder toute la puissance du peuple qui n'avait pu se limiter lui-même.

En France comme à Rome, l'ambition et l'égoïsme ont détruit l'amour de la patrie et de l'égalité.

« Lorsque l'amour de la patrie et de l'égalité cesse, écrit Montesquieu, l'ambition entre dans les cœurs qui peuvent la recevoir ; l'avarice entre dans tous. Les désirs changent d'objet : ce qu'on aimait, on ne l'aime plus ; on était libre avec les lois, on veut être libres contre elles ; chaque citoyen est comme un esclave échappé de la maison de son maître ; ce qui était maxime, on l'appelle rigueur ; ce qui était règle, on l'appelle gêne ; ce qui était attention, on l'appelle crainte. »

———

III

Le gouvernement républicain est, de tous les gouvernements, celui qui demande, pour exister, les plus grandes vertus, c'est-à-dire, un patriotisme sans borne et un immense amour de l'égalité.

Dans un gouvernement monarchique ou despotique, la force des lois ou le pouvoir discrétionnaire d'un prince suffisent pour tout contenir. Mais dans un gouvernement populaire celui qui fait exécuter les lois doit s'y soumettre lui-même et pratiquer plus que tout autre les vertus civiques.

« Il est de fait, dit La Harpe, que la fondation des républiques a été partout une époque de *vertu*, et dans les temps passés, et dans le nôtre. Voyez les Romains au temps du premier Brutus, les Suisses au temps de Guillaume Tell, les Hollandais au temps des Nassau, enfin les Américains de Washington. C'est le moment où les hommes ont paru plus grands, et c'est ainsi qu'ils ont mérité d'être libres. C'est dans cette lutte glorieuse de la liberté naturelle et légale contre l'abus réel du pouvoir absolu qu'ont éclaté tous les prodiges de courage, de patience, de modération, de désintéressement, de fidélité, en un mot, tout ce que nous admirons le plus dans l'histoire, et ce qui rend un peuple respectable aux yeux de la postérité.

» Il n'y a point d'exception à cette remarque, fondée d'ailleurs sur la nature des choses comme sur la constante uniformité des faits.

» Tout gouvernement est un ordre, et nul ordre ne s'établit que sur la morale. Or, le gouvernement républicain dépend principalement de l'esprit et du caractère du plus grand nombre, comme le gouvernement monarchique dépend éminemment du caractère d'un seul, du prince ou du ministre qui règne. Si le caractère général n'est pas bon, la chose publique sera donc mauvaise, comme le gouvernement ira mal si le prince est mauvais ; avec cette différence que les vices du prince passent avec lui et peuvent être compensés par un successeur meilleur que lui, au lieu que rien n'arrête la corruptiou d'une république. »

Toutes les tentatives dé gouvernement républicain ont échoué en France. Ce n'est pas, comme on l'a dit, parce que nous ne sommes pas assez mûrs pour la liberté ; c'est parce que nous ne possédons pas à un assez haut degré les vertus sans lesquelles un gouvernement populaire est impossible.

En 1830, la liberté était aussi entière, aussi vraie qu'elle pourrait l'être sous un gouvernement démocratique. Le peuple en a abusé ; il l'a confondue avec la licence. D'absurdes et détestables théories sociales ont surgi et n'ont fait qu'exciter des convoitises coupables chez ceux qui veulent jouir sans travailler. La liberté s'est alors évanouie et le peuple est retombé sous le despotisme d'un monarque.

C'est ainsi que les Anglais firent des efforts impuissants pour établir parmi eux le gouvernement populaire et dûrent, après bien des secousses, se reposer dans le gouvernement même qu'ils avaient proscrit.

Mais si la république ne peut se maintenir en France et nous procurer le bien-être, il faut cependant reconnaître que ce gouvernement repose sur un principe indiscutable et qui doit servir de base à toutes les institutions politiques.

Ce principe, c'est la souveraineté natio-tionale, c'est cette souveraineté de droit que tout peuple possède et doit exercer.

IV

Sommes-nous donc condamnés à ne pouvoir vivre que sous un despote? Devons-nous forcément revenir à une monarchie absolue? Non certes.

Si la monarchie s'est trouvée dans presque tous les pays une institution primordiale, partout aussi nous l'avons vue en opposition, en lutte avec les sociétés qu'elle régissait. Partout les efforts des peuples ont tendu à la limiter dans ses pouvoirs, à amoindrir son action.

En France, elle prit naissance au berceau même de la nation, avec laquelle elle a grandi, et cependant, après mille ans de gloire, cette monarchie française, dont l'existence paraissait liée à l'existence même de la nation, est tombée dans une rapide décadence; c'est qu'après avoir combattu avec le peuple, elle s'est trouvée, la lutte terminée, et par sa nature même, un obstacle pour le peuple.

Ne vivant plus que pour elle, surtout dans ces derniers temps, ne tirant pour ainsi dire l'épée que pour le triomphe des principes dynastiques qui n'intéressaient que médiocrement la nation ; dépensant en prodigalités ruineuses l'argent de la France ; abâtardie enfin et représentée par des princes malhabiles et corrompus, elle a perdu toute sa popularité sans pouvoir même opposer au peuple la noblesse qu'elle a ruinée.

Trop faible, comme tout pouvoir qui tombe, pour établir de justes et nécessaires réformes, qui eussent pu prolonger son existence, elle s'est trouvée en guerre ouverte avec la nation et à la première occasion elle a été renversée.

Ce qui faisait autrefois la principale force de la monarchie française c'était cette fiction que la terre appartenait au prince.

Mais aujourd'hui l'état politique est établi sur une autre hypothèse ; il se borne à ce qu'il croit la meilleure part ; il ne s'inquiète que des sujets, matière essentielle à ses yeux, qui était autrefois l'accessoire et comme l'appendice du fonds qui les portait.

Ce nouvel état de choses explique l'instabilité des gouvernements actuels. Le pouvoir dont l'origine réside dans les suffrages de la nation, si libres et si nombreux qu'on les suppose, aura beau ne négliger rien pour maintenir dans l'enthousiasme des premiers jours ceux qui se sont en quelque sorte donnés à lui. Ses efforts seront vains, car l'instabilité a toujours été le mal incurable des volontés humaines.

Nous devons, aujourd'hui que nous avons l'expérience, chercher des remèdes à cette instabilité tout en conservant intact le grand principe de la souveraineté nationale.

De même que la république, la monarchie est impuissante à donner à la France le bien-être et la prospérité.

C'est à elle, il est vrai, que nous devons

d'avoir atteint, pendant un demi-siècle, la plus haute splendeur ; elle a fait la France grande et respectée et nos rois, quelles qu'aient été leurs fautes et leurs erreurs, ont rempli parmi nous une mission utile et civilisatrice ; ils ont fondé la société et agrandi l'humanité. Mais la nation n'a que faire maintenant de la tutelle que les rois exerçaient autrefois. Le peuple s'est émancipé ; il veut vivre par lui-même, se donner ses institutions et jouir enfin de ses droits ; en un mot, il veut la liberté.

Bien que la monarchie soit condamnée, c'est à elle cependant que nous demanderons le moyen de remédier à l'instabilité du pouvoir populaire ; car il ne faut pas agir de parti pris et rejeter un gouvernement sans en retenir ce qu'il peut avoir de bon, d'utile, de nécessaire même.

Le droit d'hérédité au trône est principalement attaqué par les partisans de la république, comme contraire à la souveraineté nationale.

Il est évident que dans un État où le chef du pouvoir est irresponsable et possède une large part de la souveraineté, le principe de l'hérédité restreint la libre manifestation de la volonté du pays.

Mais ce n'est là qu'un côté de la question. Dans un État où le chef du pouvoir ne possède aucune part de la souveraineté et n'est, pour ainsi dire, que le délégué du pays, le principe de l'hérédité présente-t-il quelque danger ? Nous ne le pensons pas.

La souveraineté nationale ne peut et ne doit résider que dans l'assemblée des représentants du pays librement élus. Or, si cette assemblée possède seule le pouvoir, la souveraineté nationale demeure intacte et son action ne peut être entravée.

En nommant un président de la république pour quatre ans, le peuple américain n'aliène pas sa souveraineté pour le même laps de temps ; il la conserve entière et ne fait que déléguer un citoyen à l'exécution de ses volontés.

Une durée plus longue, illimitée même,

changerait-elle le caractère de cette délégation ?

L'hérédité n'entraîne nullement la nécessité d'une constitution immuable en ce qui regarde les intérêts du pays. Ainsi que les goûts et les besoins de la nation, les institutions doivent changer et ce ne sont pas les individus qui doivent être faits pour le gouvernement, mais le gouvernement qui doit être fait pour les individus.

Qu'importe d'ailleurs que le roi, l'empereur ou le président soit à la tête de l'État, par droit d'hérédité ou par droit d'élection, si notre volonté reste libre ? Il ne faut pas que la question de principes dégénère en une question de personnes.

S'il est reconnu que le principe de l'hérédité, ainsi compris, ne peut porter atteinte aux droits de la nation, il est juste d'examiner quels peuvent être ses avantages.

La sécurité est la première des conditions nécessaires pour le bien-être d'un État ; c'est elle qui assure la tranquillité et encourage toutes les entreprises. Ce qu'il faut empêcher ce sont ces révolutions, ces crises funestes qui détruisent en quelques jours les conquêtes morales de plusieurs années.

Or, la consécration d'une dynastie a pour effet de prévoir sinon de prévenir les dangers d'un brusque changement de règne et le heurt des prétentions rivales.

Aux États-Unis, il est vrai, le renouvellement de la présidence de la république a lieu tous les quatre ans et les Américains se trouvent bien de ce système que nous admirons, que nous envions même. Mais on ne nous dit pas comment se passent ces renouvellements ; on ne nous dit pas les troubles auxquels ils donnent lieu.

Là-bas, on n'y prend pas garde et le calme ne tarde pas à renaître parce que l'amour de la patrie et le respect des institutions existantes dominent dans tous les cœurs.

Mais ici, en serait-il de même ? N'avons-nous pas à craindre les compétitions de partis ? Ces changements de pouvoir,

l'expérience l'a prouvé, seraient certaine-
ment la cause de troubles que ne manque-
raient pas de faire durer tous les déclassés
qui ne vivent que pour la guerre civile et
par la guerre civile.

Nous avons eu dernièrement la mesure
de ce qu'ils peuvent faire. C'est le retour
de tels malheurs qu'il faut empêcher à tout
prix.

Les adversaires acharnés du droit d'hérédité vont sans doute nous opposer cet
argument qu'en consacrant une dynastie
nous nous exposons à revoir un monarque
ambitieux tenter un coup d'État pour res-
saisir le pouvoir despotique.

Certes, le chef de l'État n'étant pas
responsable peut concevoir le projet de
restreindre à son profit la souveraineté nationale. Mais pour qu'un coup d'État ait
lieu, il faut le consentement de la majorité
du pays, car sans ce consentement le pouvoir usurpé ne saurait exister.

Si le prince Louis-Napoléon a fait le

2 décembre et proclamé l'empire, c'est que sept millions de citoyens, pris de peur ou abandonnant leurs droits, l'ont bien voulu.

L'argument en question ne repose que sur l'idée fausse qu'on se fait de la souveraineté. Elle n'est pas en effet le résultat d'un arrangement passager et fortuit, d'une constitution plus ou moins parfaite ; elle est le résultat de la raison et de la volonté humaines. Nul ne peut être en politique que ce ses concitoyens le font.

Avec l'hérédité, nous dira-t-on encore, vous nous réservez la dure nécessité de voir un monarque incapable, imbécile même, à la tête de l'État.

C'est vrai. Cependant, combien avons-nous vu de monarques imbéciles dans toute la suite de nos rois ? Nous en avons vu de cruels, de dévôts, d'injustes, de frivoles, d'impies, mais d'idiots, point.

Admettons toutefois ce qui est possible : à un monarque intelligent succède un monarque hébété ; sommes-nous par ce fait en si grand péril ? Nullement, puisque, de même qu'aux États-Unis, le chef de l'État ne possède aucune part de souveraineté.

Il peut choisir, il est vrai, des ministres incapables et nuire indirectement de cette façon à la bonne gestion des affaires ; mais ces ministres sont responsables et un simple vote de l'assemblée peut les obliger à descendre de leur banc.

Sous quelque face donc qu'on l'envisage, le droit d'hérédité laisse intacte la volonté nationale qui peut se manifester toujours et dans toutes les circonstances.

Il ne fait, au contraire, qu'assurer la liberté d'action de la souveraineté du peuple et garantir la sécurité si nécessaire à tous les intérêts.

D'ailleurs, ce n'est pas en faveur des maison régnantes, c'est en faveur des peuples qu'a été institué le droit d'hérédité. Le bien qu'il produit, en prévenant les troubles qu'entraîne chaque mutation de règne dans les gouvernements électifs, l'emporte sur le mal que pourrait faire une suite héréditaire de mauvais princes.

Quels monstres que les premiers successeurs d'Auguste ! Un Tibére, un Caligula, un Claude, un Néron ! Mais comme la naissance ou l'adoption leur donnait un droit reconnu des peuples, sous ces règnes odieux, l'empire, du moins, ne fut pas déchiré par les guerres civiles ; et quand on songe aux désordres épouvantables dont furent suivies les élections de Galba, d'Othon, de Vitellius et de Vespasien, on est tenté de regarder la mort de Néron comme une calamité publique. L'histoire du Bas-Empire n'offre quelques intervalles de paix domestique que lorsqu'on voit la couronne passer des pères aux enfants.

V

L'unique but d'un peuple est de vivre, de profiter de son travail et d'exercer librement ses facultés.

Pour atteindre ce but il doit, avant tout, étudier attentivement tous les nouveaux besoins qui lui surviennent, s'en rendre un compte exact, puis s'efforcer de faire disparaître les obstacles de toute nature qui peuvent s'opposer à la satisfaction de ces besoins.

Est-ce ainsi que nous avons procédé?

Nous vivions sous un régime appelé monarchie; nous trouvant mal sous ce régime, nous l'avons brusquement renversé. Nous aurions pu l'améliorer, le conformer à nos besoins; mais nous avons trouvé plus sage de faire ce raisonnement : l'opposé d'une chose mauvaise doit nécessairement être bon, et nous avons pris l'opposé de la monarchie, c'est-à-dire la république.

Mais nous trouvant encore plus mal sous la république, nous avons repris la monarchie, et, depuis quatre-vingts ans, c'est à ces changements que nous nous livrons.

Les uns tiennent pour la monarchie, les autres pour la république et nous nous renfermons obstinément dans ce dilemme : si nous ne sommes pas en monarchie, nous devons être en république, et si nous ne sommes pas en république, nous devons être en monarchie.

Mieux que cela et comme s'ils avaient voulu empêcher toute entente future, les monarchistes et les républicains ont soigneusement fixé les caractères du régime qu'ils soutiennent ; ils ont fait chacun leur constitution ; la monarchie, ont-ils dit, c'est ceci, la république, c'est cela. Et ils ont fait ceci et cela immuable sans comprendre que la nature du pays et ses besoins puissent changer un jour.

Pour les monarchistes, la république

représente la licence, le bouleversement universel, la guerre civile; pour les républicains, la monarchie représente l'esclavage, la dîme, la féodalité.

Vive la république! hurlent les uns; Vive la monarchie! crient les autres, et l'on s'entr'égorge, au lieu de chercher à se comprendre.

Nous, nous disons bien haut: « Ni monarchie, ni république », et nous croyons ces deux régimes aussi peu faits l'un que l'autre pour nous assurer le bien-être.

Un gouvernement, selon nous, ne doit pas être une machine, une chose établie de telle ou telle façon et nous ne comprenons pas une constitution qui réglemente les intérêts d'une nation.

La liberté d'ailleurs n'appartient en propre à aucun régime; elle ne s'établit pas non plus, elle existe et peut se trouver partout.

Pourquoi donc venir dire à la France: il faut la monarchie, il faut la république!

La question que nous devons nous poser est celle-ci : pouvons-nous être heureux sous la monarchie ou sous la république?

L'expérience ayant démontré que ni l'un ni l'autre de ces régimes, exclusivement appliqué, ne peut nous rendre heureux, ce n'est qu'en réunissant ce qu'ils ont l'un et l'autre de bon que nous avons chance d'arriver au but que nous poursuivons.

Cessons de discuter sur des mots et l'entente ne peut manquer de se faire ; car en disant, les uns : Vive la monarchie ! les autres : Vive la république ! nous voulons tous dire : Vive l'intérêt général !

Quelles sont donc les institutions, variables suivant nos besoins, qui peuvent assurer notre existence politique?

Comme principe fondamental, nous prenons la souveraineté de la nation. Tout doit concourir à la libre manifestation de cette souveraineté.

Le pouvoir réside tout entier dans une Assemblée des représentants du pays librement élus. Cette assemblée est permanente avec un renouvellement annuel par quart.

Un citoyen, non responsable, est chargé de l'exécution des volontés du pays. Il ne concourt pas à la confection des lois ; il ne propose aucune loi. Ses ministres, pris dans l'Assemblée, sont responsables.

Enfin, la durée étant un des premiers éléments de la force, le citoyen chargé de l'exécution des volontés du pays est un chef héréditaire.

Telles sont, en abrégé, les institutions essentielles propres à nous assurer le bien-être.

Mais en France, nous aimons avant tout les formules ; il nous faut donc en trouver une pour désigner l'ensemble de ces institutions. Dirons-nous, monarchie française ? les républicains crieront à la réaction ; république française ? les monarchistes auront peur. Pour concilier toutes les opinions, disons : gouvernement français.

Reste une question à examiner. Qui mettrons-nous à la tête du gouvernement français? C'est au pays que revient naturellement le droit de répondre.

Mais pour nous, nous pensons que son choix est indiqué d'avance.

Henri V, Napoléon III, Gambetta Ier sont condamnés par le passé; M. Thiers est âgé et sans enfants. Il n'y a donc qu'un des membres de la famille d'Orléans qui puisse occuper les fonctions de chef du gouvernement. Leur passé nous garantit ce qu'ils seront dans l'avenir.

Nous ne nous arrêterons pas aux mesquines raisons que donnent ceux qui sont opposés de parti pris à tout ce qui touche aux familles ayant été au pouvoir. Liste civile, dotations, courtisans et tout ce qu'un monarque, suivant eux, traîne nécessairement à sa suite, sont autant d'arguments inventés pour convaincre les esprits faibles.

Nous ne voyons en France que des citoyens ; titres et qualités ont disparu en même temps que les régimes qui les avaient créés.

Mais, nous dira-t-on peut-être, croyez-vous qu'un prince qui sent courir dans ses veines du sang royal, qui est le descendant des plus grands monarques, des rois de France, consente à jouer le rôle d'un simple fonctionnaire, lui qui a peut-être rêvé la puissance de ses ancêtres ?

Oui certes, il y consentira, s'il aime son pays. N'est-ce pas assez d'ailleurs que l'honneur d'être le délégué de la France ?

Nous souhaitons un des membres de la famille d'Orléans à la tête du gouvernement parce qu'ils ont longtemps vécu au milieu d'institutions libérales et qu'ils ont pu en reconnaître les avantages ; parce qu'ils aiment leur patrie, non pas en paroles, comme beaucoup de nos grands politiques et qu'ils ont prouvé leur amour.

Les d'Orléans l'ont dit et l'ont écrit : ils sont avant tout citoyens français. C'est donc comme citoyens français que nous les chargeons de veiller à l'exécution des volontés du pays et nous ajoutons comme citoyens français les plus honnêtes et les plus dignes de confiance.

JOURNAUX ET REVUES

—

L'actualité illustrée, *Journal hebdomadaire,* paraissant tous les jeudis, à partir du 14 décembre 1871. — Prix d'abonnement annuel :   **18 fr.**

La Santé publique, *revue d'hygiène et de médecine populaires,* paraissant tous les jeudis, publiée sous la direction d'un Comité de médecins et d'hygiénistes, par N. Pascal, directeur du *Mouvement médical,* etc. Prix de l'abonnement annuel : Paris, 4 fr. Départements :   **5 fr.**

Pour l'Étranger, la surtaxe de port en sus. Chaque numéro pris isolément : *cinq centimes* (au 1er octobre 1871, 94 num. ont déjà paru).

Journal d'agriculture progressive, *indicateur général des améliorations agricoles,* fondé et dirigé par Ed. Vianne, paraissant toutes les semaines par livraison de 32 pages in-8°. — Prix de l'abonnement annuel :   **15 fr.**

Journal d'agriculture pratique, *Moniteur des Comices, des propriétaires et des fermiers,* fondé en 1837, par Alexandre Bixio, dirigé par Ed. Lecouteux, secrétaire général de la Société des agriculteurs de France, paraissant toutes les semaines par livraison de 40 pages in-8o. — Prix de l'abonnement annuel :   **20 fr.**

Journal de l'Agriculture, *de la ferme et des maisons de campagne,* de l'horticulture, de l'économie rurale et des intérêts de la propriété, fondé et dirigé par J.-A. Barral, paraissant tous les samedis en une livraison de 48 pages. — Prix de l'abonnement annuel :   **20 fr.**

EN PRÉPARATION :

Histoire de l'Internationale, *son passé, son présent, son avenir,* par Pierre Quantin, 1 vol. in-12.

Histoire anecdotique de Napoléon III, par Louis Dorval, ancien colon de Lambessa ; 1 vol. in-12.

L'art appliqué à la toilette des femmes, par Victor Perceval ; 1 vol. in-12.

Petit manuel d'économie politique, à l'usage des ouvriers et des écoles, par Victor Perdoux ; 1 vol. in-12.

PUBLICATIONS NOUVELLES

1870-1871

Napoléon IV, *chonique de l'avenir*, par MATHIEU (de Boulogne);
2º édition, 1 vol. in-12.   **1 fr.**

M. A. Thiers, le Sauveur de la France — *Biographie historico-
politique* de cet illustre homme d'Etat, par M. le comte H.-C. DE S***,
député à l'Assemblée nationale; broch. grand in-8º, ornée d'un grand
nombre de figures.   **1 fr.**

L'Impôt sur le revenu en Angleterre (*income tax*), par D. MILLET;
broch. in-8º (Novembre 1871).   **50 c.**

L'Impôt sur les célibataires — **Pétition d'un bossu à l'Assemblée nationale;** 2ᵉ édition, 1 joli vol. in-18.   **60 c.**

Affaire du Capitaine Rossel, *condamné à mort le 8 septembre* 1871.
— Plaidoiries, débats, etc., suivis de documents inédits, publiés par
PAUL BIZET, rédacteur du *Gaulois*; broch. in-8º.   **1 fr.**

Les deux Républiques — *Louis Blanc et Gambetta* —, par ED. DOUAY;
2ᵉ édition, 1 vol. in-12.   **1 fr.**

Res publica, par EUG. de MOGURE. broch. in-12 (novembre 1871).   **1 fr.**

La Confédération française, *système nouveau d'organisation gouver-
nementale*, par ED. THIAUDIÈRE, 1 beau vol. in-12 (Décembre 1871). **3 fr.**

La Ferme et les Champs, *Guide pratique de l'Agriculteur*, comprenant : 1º la description, le choix, l'emploi des machines et instruments
agricoles, les avantages qu'ils présentent, etc.; — 2º la description des
principales races chevalines, bovines, ovines et porcines; 3º la valeur
des engrais de ferme et du commerce; 4º des notions sur les principales cultures, l'emploi des semences, etc., par ED. VIANNE, ingé-
nieur agricole, directeur-gérant du *Journal d'agriculture progressive,*
etc. *Deuxième édition, revue et considérablement augmentée;* 1 fort
vol. grand in-8o de 548 pages, orné de 372 fig.   **6 fr.**

Pommes de terre, *leur culture, emploi et conservation*, par ED.
VIANNE, 1 vol. in-12 de 144 pag., orné de 31 fig.   **1 fr. 25**

Petit Code rural des Contributions directes. *Veillées d'un vieux
répartiteur de campagne*, à l'usage des autorités municipales, réparti-
teurs, secrétaires de mairie et contribuables, par MM. DESLIGNIÈRES
et LAMBERT; 6ᵉ édit., 1 vol. in-12 de 216 pages.   **1 fr. 50**

A B C des Contributions directes. Moyens de se rendre compte de ses
impositions, d'en vérifier l'exactitude et *d'obtenir des dégrèvements,*
s'il y a lieu, par D. MILLET; 2ᵉ édition, broch. in-8o de 72 pag. **1 fr. 25**

Des centimes additionnels au principal des Contributions directes. —
**Exposé méthodique et pratique du mécanisme des impositions
départementales et communales,** par D. MILLET, br. in-8o.   **50 c.**

L'Octroi et le Vinage, par ROMUALD DEJERNON; 1 vol. in-12.   **1 f. 25**

L'Etable, *nouveau traité de zootechnie agricole*, par F. ROBIOU DE LA
TRÉHONNAIS; 1 fort vol. in-12, avec fig.   **5 fr.**

Les nouveaux châtiments, ou les *Lanières sanglantes,* suite de pamphlets virulents contre les *Bonapartistes* et les *Prussiens,* par JULIUS ; 2e édition, 1 vol. petit in 8º orné d'un frontispice satyrique tiré en rouge.   1 fr.

La Commune et l'Internationale, par LEMAINE, avocat, auteur de la *Maison des Jolies filles, Laure ou la femme vendue, Laurence et Mathilde ;* broch. in-8º.   50 c.

La loi Dufaure et l'Internationale, par le vicomte EMMANUEL de CAHUZAC, broch. in-8o.   50 c.

L'Homme de Ferrières, *biographie politique de M. Jules Favre,* par le baron C. de L. V...; broch. in-12.   30 c.

Paris dans les caves (*épisode du siége*), *dédié aux dames françaises,* par FRANCISQUE DE BIOTIÈRE ; 2e édition, 1 vol. in-12, orné de 40 dessins de Boulay.   1 fr.

L'Art de ramener la vie à bon marché, *de prévenir les inondations et de créer des richesses incalculables,* par le docteur HENRI POUPON ; 1 vol. in-8o.   5 fr.

Catéchisme de droit public, par D. MILLET, auteur de l'*A B C des Contributions directes ;* 1 petit vol. in-12 (juillet 1870).   75 c.

Prothèse du pauvre. — **Le bras artificiel agricole,** nouvel appareil prothétique de force, à l'usage des amputés, cultivateurs, manouvriers, etc., par le docteur GRIPOUILLEAU ; 1 vol. in-8o avec planch.   4 fr.

La destruction des vers blancs par la jachère, deuxième étude, par HECQUET D'ORVAL ; broch. in-8º.   80 c.

Études sur les terrains agricoles de la Sologne, par FELIX MASURE ; 1 vol. grand in-8o.   12 fr.

Les fleurs de pleine terre, comprenant la description et la culture des *Fleurs annuelles, vivaces et bulbeuses de pleine terre,* par VILMORIN-ANDRIEUX et Cie ; 3e édition, illustrée de 1300 fig., 1 fort vol. in-8o de 1600 pages, cart.   12 fr.

Le même ouvrage, franco par la poste.   13 fr. 80

Reliure très-soignée, dos en maroquin et plats en toile, 1 fr. 75 en plus.

Nouvelle organisation de l'Instruction primaire, *comprenant l'enseignement agricole,* par ISNARD DE BELLEY, broch. in-8o.   1 fr. 50

Traité pratique d'arpentage, à l'usage des cours d'adultes et des écoles primaires, par J. VOGIN ; 1 vol. in-12, orné de 313 figures dans le texte, et de 4 planches hors texte.   3 fr.

Manuel du cultivateur. Traité élémentaire d'agriculture pratique à l'usage des écoles primaires par CAMILLE PLANCHARD ; 5e édition, 1 vol. in-12, cart.   1 fr. 50

Envoi franco contre mandats de poste,

La défense de Châteaudun dans la journée du 18 oct. 1870, *Incéndies de Varize et de Civry*, par P. Coudray; 6e édit., 1 volume in-18 avec un plan.   80 c.

Histoire du château de Châteaudun, par P. Coudray; 2e édit. 1 vol. in-12.   2 fr. 25

Création d'un corps d'éclaireurs, *projet présenté à l'Assemblée nationale*, par Ed. Ledeuil, Lieutenant-Colonel aux francs-tireurs de *Paris-Châteaudun*; broch. grand in-8o.   1 fr.

Journal de l'invasion : **Châteaudun** (4 septembre 1870—14 mars 1871), par P. Montarlot; 1 joli vol. in-12.   3 fr.

La télégraphie appliquée à l'art militaire, par H. Naves, employé des lignes télégraphiques, attaché à la première armée de la Loire, 1 vol. in-12.   1 fr.

Conseils pratiques sur l'arboriculture fruitière, par Journiac 1 vol. in-12 avec fig.   3 fr.

Tarif du cubage des bois équarris et ronds, évalués en stère et et fraction décimales du stère, par G. A. Francon; 1 vol. in-12.   3 fr.

La petite vérole, *histoire, symptômes, traitement et préservatifs*, par Jules Macé; broch. in-12 (juillet 1870).   50 c.

Causeries agricoles d'un vieux cultivateur, par F. Laujorrois :
> Tome I. — *Culture et machines*; 1 vol. in-12.   1 fr. 25
> Tome II. — *Animaux, laiterie, œnologie et recettes ménagères ;* 1 vol. in-12.   1 fr. 25

Le coup d'État de Paris. — *La Commune et Versailles.* — Essais de psychologie politique, par Ed. Douay; 1 vol. in-12.   1 fr.

Le Président Bonjean ôtage de la Commune. — *Douze visites à Mazas.* — Notes historiques publiées par Charles Guasco; 1 vol. in-12.   2 fr.

L'Internationale et la guerre civile en France, par le comte Alfred de la Guéronnière; 2e édition, broch. in-12.   50 c.

Manuel des Halles et Marchés en gros, guide pratique de l'approvisionneur et de l'acheteur, par Ernest Thomas; 3e édition. 1 volume in-12.   3 fr.

La phthisie pulmonaire, *son traitement rationnel*, traité pratique à l'usage des médecins et des gens du monde, par P. Chartroule; nouvelle édit., 1 fort vol. in-8o.   6 fr.

Le premier bataillon de la garde nationale Mobile de l'Indre, notice historique remplie de détails inédits sur le 31 octobre, la défense de Paris, etc., par A. Fauconneau-Dufresne, 1 vol. in-12.   1 fr.

chèques, timbres-poste, etc.

Campagne de 1870-1871. — **Parallèle de la défense nationale** *sur la Loire et à Paris,* par E. LEDEUIL, Lieutenant-Colonel aux francs-tireurs de *Paris-Châteaudun ;* broch. in-8o **1 fr.**

Campagne de 1870 1871. — **Châteaudun** (18 *octobre* 1870), par ED. LEDEUIL, Lieutenant-Colonel aux francs-tireurs de *Paris-Châteaudun ;* 2e édition, 1 vol. grand in-8o, avec un plan stratégique. **3 fr.**

Le siége de Paris 1870-1871. — *Documents officiels du* 19 *juillet* 1870 *au* 2 *avril* 1871, publiés par JULES LEMELLE ; 2e édition, 1 volume in-8º. **2 fr.**

Les droits à l'avancement des officiers prisonniers de guerre, par GUSTAVE ROCA, officier démissionnaire ; broch. in-8o. **50 c.**

Les places fortes et les camps retranchés, par H. DAVIGNON, capitaine d'état major ; broch. in-8º. **50 c.**

Le crédit en France, par ROMUALD DEJERNON ; 1 vol. in-12. **1 fr.**

L'association internationale des travailleurs. — *Compte rendu officiel* du Congrès général qui a eu lieu à Bruxelles du 6 au 30 septembre 1868 *(interdit en France sous l'Empire)* 1 vol. in-folio. **2 fr.**

Le Grand duché de Luxembourg et la Belgique (*balance entre la France et la Prusse*) par A. D'HOFFSCHMIDT ; broch. in-8o. **1 fr.**

Études politiques sur le Royaume de Tunis, par le comte ALPHONSE O'KELLY ; 1 vol. grand in-8o sur papier vergé. **3 fr.**

Dialogue aux enfers entre Charles X et Louis-Philippe Ier, par UN CONTEMPORAIN ; 3e édition, 1 vol. in-12. **60 c.**

Un Bouquet de Fleurs, *petites leçons de botanique* à l'usage des enfants et des jeunes filles, par Mme FANNY FAGUET, 1 vol. in-12. **1 fr. 25**

Manuel du vrai Républicain, par l'abbé Z***, prêtre de l'Église primitive ; broch. in-12. **50 c.**

Pauvre Paris ! *épître à M. Thiers,* par LECLÈRE et ALBERT SORVEM ; 2e édit., broch. in-8o. **50 c.**

Les deux Messies, *ou le frère aîné du Christ.* — *La Société antique et la Société moderne,* par le comte GASTON DE SAHUZAC ; broc. in-8o. **1 fr.**

Précis d'histoire contemporaine (1789-1848), par VICTOR PERDOUX, professeur d'histoire ; 1 fort vol. in-8o. **4 fr.**

Études et essais sur les engrais, par GOUSSARD de MAYOLLES ; 1 beau vol. grand in-8o (le premier fascicule seul a paru). **8 fr.**

Les conditions de la certitude *morale et politique,* par LOUIS OLLIVIER, bâtonnier des avocats de Guingamp ; 1 vol. in-12. **1 fr.**

Le Contrat social de l'avenir, suivi d'un *projet de constitution du peuple français,* par P.-CH. JOUBERT et A. SAGNIER; 2e édit. (août 1871), broch. in-8o. 50 c.

L'homme de Prusse— *Guillaume et Bismarck dévoilés*—, par TIMON III; 2o édit. (août 1871); broch. in-8o. 50 c.

Crimes, forfaits et atrocités *commis par les Prussiens sur le sol de la France,* par NÉMÉSIS; 2e édit. (août 1871); broch. in-8o. 50 c.

L'Internationale, *Karl Marx, Mazzini et Bakounine;* brochure grand in-8o. 50 c.

La Commune sanglante, ou le **legs incendiaire,** *Complément de l'homme de Sedan. — Histoire et tablettes du sang de la Commune de Paris. — L'Internationale,* par le comte ALFRED DE LA GUÉRONNIÈRE; 3e édition, 1 joli vol. in-12. 3 fr.

LE MÊME, édition d'amateur sur papier de Hollande. 10 fr.
Ouvrage dédié par l'auteur à M. Thiers.

République ou Orléanisme! *examen des deux formes de gouvernement,* par PIERRE QUANTIN; 1 vol. in-12. 1 fr.

M. Georges Ville et ses engrais chimiques, *examen critique des conférences de Vincennes,* par SÉVERIN LEROY; 1 vol. in-12. 1 fr.

L'armée Française, *ce qu'elle a été, ce qu'elle devrait être;* personnel, matériel, administration, par A. BISSON; 1 volume in-8o 1 fr.

Hygiène dentaire, *Conseils aux mères de famille, aux maîtres de pensions, etc.,* par E. DIDIER, chirurgien-dentiste, 1 petit vol. in-18. 50 c.

Le petit astronome, par VIOLETTE VINOT; nouv. édit., 1 vol. in-18 sur joli texte, orné de 18 fig., cart. 30 c.

Manuel de l'agriculteur du Midi de la France et de l'Algérie, *petite maison rustique méridionale,* par A. CHAILLOT; 4e édit., 1 vol. in-18. 1 fr. 50

Leçons pratiques de comptabilité commerciale, par ROLLOT, 2e édit. 1 vol. in-12. 3 fr. 50

Architecture rurale *théorique et pratique,* à l'usage des propriétaires et des ouvriers de la campagne, par A. J. M. DE SAINT-FÉLIX; 3e édit. ornée d'un bel atlas de 56 planches gravées, 1 fort vol. in-4o rel. 25 fr.

Dictionnaire abrégé des phénomènes de l'atmosphère, *météorologie du cultivateur,* par le Marquis de SAINT-FÉLIX; 1 vol. in-12 1 fr.

Dictionnaire abrégé des animaux utiles et nuisibles, à l'économie rurale et domestique, *zoologie du cultivateur,* par LE MÊME; 1 vol. in-12. 1 fr. 25

chèques, timbres-poste, etc.

Le Propriétaire-paysagiste, manuel d'horticulture, d'arboriculture fruitière et forestière, d'anatomie et de physiologie végétales, de l'ornementation des parcs et jardins, etc., avec plans et vignettes, par ISAAC MABILLE; 1 fort vol. in-12, orné de 175 plans et figures.   **5 fr.**
Le même ouvrage, élégamment relié en percaline.   **6 fr.**

Le Petit livre de la santé et du bien-être, *notions pratiques d'hygiène, de médecine et de pharmacie usuelles* ou des cas pressants et d'économie générale, précédées de considérations morales concourant au bien-être, à l'usage des classes laborieuses ou des personnes bienfaisantes, surtout à la campagne, par AUG. GAFFARD; 1 joli vol. in-18 de 216 pages.   **1 fr.**

Arbres fruitiers, *Culture et taille rationnelles et économiques* des poirier, pommier, prunier et cerisier, par V.-F. LEBEUF; 1 vol. in-12, avec 60 figures.   **2 fr. 50**

Les Asperges, les Fraises, les Figues et les Framboises, par V.-F. LEBEUF; 4e édition, 1 vol. in-18, avec 28 fig.   **1 fr. 50**

L'Agriculture du Nord de la France, par J.-A. BARRAL. — Tome II. *Les fermes de M. A. Vandercolme,* à Rexpoëde, Killem et Armsbouts-Cappel, *les Wateringues* et *les Moëres* de l'arrondissement de Dunkerque; 1 fort vol. grand in-8o, avec de nombreuses figures et planches   **15 fr.**

Le Galéga, *nouveau fourrage,* sa culture, son usage et son emploi, par GILLET-DAMITTE; 2e édition, considérablement augmentée de faits et d'expériences de praticiens; 1 vol. in-12.   **1 fr. 25**

L'Écrevisse, *mœurs, reproduction, éducation,* par PIERRE CARBONNIER; 1 vol. in-12.

La bonne Ménagère agricole, livre de lecture à l'usage des jeunes filles des écoles primaires, par L.-E. BÉRILLON; 4e édit., 1 vol. in-12, cart.   **1 fr. 25**

Instruction et liberté, par ROMUALD DEJERNON; 1 vol. in-12.   **2 fr.**

Les Quartiers pauvres de Paris. — *Le 20e arrondissement.* Études municipales, par LOUIS LAZARE; 1 vol. in-12.   **1 fr.**

Traité théorique et pratique du levé des plans et de l'arpentage, par H. GOUGET (d'Andelot); 1 vol. grand in-8°, avec 8 planches renfermant 139 figures.   **8 fr.**

Plus d'insectes nuisibles à l'agriculture, *manière infaillible de les détruire* sans nuire à la végétation des arbres ou des plantes, par V. GERIN; broch. in-8o.   **1 fr.**

Huit leçons d'agriculture et de chimie agricole, professées au collége de Fougères en 1870-71, par A. DAUVERNÉ, cultivateur-propriétaire; 1 vol. in-12.   **1 fr. 25**

Envoi franco contre mandats de poste.

ENSEIGNEMENT AGRICOLE & HORTICOLE
Dans les écoles primaires, les fermes-écoles, les écoles normales et professionnelles.

OUVRAGES ÉLÉMENTAIRES.

Catéchisme agricole, à l'usage des écoles rurales, augmenté de *notions de jardinage et d'arboriculture,* par MICHEL GREFF; 14e édit., 1 vol. in-18 cart. **60 c.**

Manuel du Cultivateur, *traité élémentaire d'agriculture pratique,* à l'usage des écoles primaires, par CAMILLE PLANCHARD; 5e édit., 1 vol. in-12, cart. **1 fr. 50 c.**

Agriculture théorique et pratique, à l'usage des écoles, par E. BROUARD; 2e édit., 1 vol. in-18, cart. **60 c.**

Notions élémentaires d'agriculture, à l'usage des écoles primaires, rédigées sur le plan adopté par le Conseil académique de Bordeaux, par CHEVALIER; 5e édit., 1 vol. in-18, cart. **60 c.**

Notions d'agriculture théorique et pratique, à l'usage des élèves des écoles rurales et des agriculteurs praticiens, par FÉLIX MASURE; 1 vol. in-12, cart. **1 fr.**

Notions d'agriculture, à l'usage des écoles rurales et des campagnes, par K. GUILLEMOT; nouv. édit. (1870), 1 vol. in-18 avec figures, cart. **70 c.**

Éléments d'agriculture pour les écoles rurales, par P. MEHEUST; 1 vol. in-12 avec fig., cart. **1 fr. 50 c.**

Résumé d'agriculture pratique, *par demandes et réponses,* ou questionnaire agricole pour les écoles primaires, par J. BODIN; 1 vol. in-18, cart. **70 c.**

Traité d'agriculture théorique et pratique à l'usage des écoles primaires, par C. LAURENÇON; 2 volumes in-12 avec 44 figures, cart. **1 fr. 50 c,**

Cours d'agriculture pratique, publié sous la direction de A. YSABEAU:
Tome I. — **Premières connaissances agricoles;** 1 vol. in-12 avec fig., br. ou cart. **1 fr. 50 c.**
Tome II. — **Végétaux cultivés;** 1 vol. in-12 avec fig., br. ou cart. **1 fr. 50 c.**
Tome III. — **Animaux domestiques;** 1 vol. in-12 avec fig., br. ou cart. **1 fr. 50 c.**
Tome IV. — **Économie rurale;** 1 vol. in-12 avec fig., br. ou cart. **1 fr. 50 c.**

chèques, timbres-poste, etc.

Le trésor du cultivateur, *Cours familier d'agriculture,* par Issartier père ; 1 fort vol. in-12, br. ou cart.   **2 fr.**

Cours élémentaires d'horticulture, à l'usage des écoles rurales, par F. Boncenne :

Première année : *Organisation des végétaux. — Culture potagère. — Culture des fleurs ;* 3ᵉ édit., 1 vol. in-12, cart.   **75 c.**

Deuxième année : *Organisation des végétaux ligneux.— Pépinières.— Multiplication. — Plantation. — Taille des arbres à fruit. — Culture de la vigne ;* 3ᵉ édit., 1 vol. in-12, cart.   **75 c.**

L'agriculture enseignée par la grammaire, à l'usage des écoles rurales, par Mᵐᵉ J. Bodin ; 1 vol. in-12, cart.   **75 c.**

Grammaire française raisonnée, *avec exemples agricoles,* par E. Douay, 1 vol. in-12, cart.   **75 c.**

Arithmétique agricole, par Henri Fabre ; 1 vol. in-12, cart. **1 fr. 25 c.**

Arithmétique agricole, par Lefour et Brüll ; 1 v. in-12, cart. **75 c.**

Les promenades du jeudi, livre de lecture courante à l'usage des écoles de filles, par Mᵐᵉ Pinet ; 1 vol. in-12, cart.   **1 fr.**

La bonne ménagère agricole, ou *simples notions d'économie rurale et d'économie domestique,* livre de lecture à l'usage des jeunes filles des écoles primaires, par L. E. Bérillon ; 4ᵉ édition, 1 vol. in-12 cart.   **1 fr. 25 c.**

La fermière, *notions élémentaires d'économie domestique agricole,* par Michel Greff ; 5ᵉ édition, 1 vol. in-18, cart.   **60 c.**

Conseils aux jeunes filles qui doivent devenir fermières, par J. Bodin ; 1 vol. in-18, cart.   **60 c.**

Recueil de dictées, leçons et problèmes sur l'agriculture, rédigé conformément au programme officiel de l'enseignement agricole, par F. Astier :

    Livre de l'élève, 1 vol. in-12, cart.   **1 fr. 25 c.**

    Livre du maître, 1 fort vol. in-12, cart.   **2 fr.**

Lectures et dictées d'agriculture, revues et annotées, par G. Heuzé, 1 vol. in-12, cart.   **75 c.**

Lectures manuscrites *sur les premiers éléments de l'agriculture,* par MM. Pinet et Naudet 5ᵉ édition, 1 vol. in-12, cart.   **80 c.**

L'école et la ferme, ou *une lecture par semaine sur les travaux de l'année agricole,* par MM. Michel Greff ; 5ᵉ édition, 1 vol. in-18, cart.   **60 c.**

Conférences agricoles et horticoles, *à l'usage des écoles primaires et des cultivateurs,* par Hugot ; 8ᵉ édit., 1 vol. in-12, cart.   **1 fr. 25**

Envoi **franco** *contre mandats de poste,*

Les veillées de la ferme, *notions d'agriculture et d'hygiène rurale,* par Louis Fortoul; 1 vol. in-18, cart. **60 c.**

Les veillées de la ferme du Tourne-bride, entretiens sur l'agriculture , l'exploitation des produits agricoles et l'arboriculture , par P. Joigneaux; 1 vol. in-12, avec figures, br. ou cart. **1 fr. 05 c.**

Les ravageurs, *entretiens de l'oncle Paul avec ses neveux sur les insectes nuisibles à l'agriculture,* par Henri Fabre; 1 vol. in-12, avec fig. cart. **1 fr. 20 c.**

Les auxiliaires, *entretiens sur les insectes utiles,* par le même; 1 vol. in-12, avec fig. cart. **1 fr. 20 c.**

Les serviteurs, *entretiens sur les animaux domestiques,* par le même; 1 vol. in-12, avec fig., cart. **1 fr. 20 c.**

Histoire du grand Jacquet, métayer, livre de lecture, par Méplain et Taisy; 1 vol. in-12, avec fig., cart. **75 c.**

Paix aux animaux! livre de lecture courante, par F. M. Sorel; 1 vol. in-18, cart. **25 c.**

Soyez bons avec les animaux, petits contes traduits ou imités de l'Allemand, par L. A. Bourguin; 1 vol. in-12, cart. **60 c.**

Les veillées de Jean Rustique, *simples entretiens sur les animaux utiles et nuisibles,* par J. Pizetta ; 1 vol. in-12, avec figures, br. ou cart. **1 fr. 50 c.**

Les oiseaux et les insectes, *causeries d'un instituteur avec ses élèves,* par Victor Henrion ; 1 vol. in-12, avec fig., cart. **1 fr. 25 c.**

Promenades dans les Champs, *visites à la ferme et à l'exploitation,* livre de lecture courante, par M. Franck; 2e édition, 1 vol. in-12, cart. **1 fr.**

Entretiens sur l'hygiène, *à l'usage des campagnes,* par le docteur Descieux; 6e édition, 1 vol. in-12, br. ou cart. **1 fr. 25 c.**

Le petit livre de la santé et du bien-être, *notions pratiques d'hygiène de médecine et de pharmacie usuelles,* par Aug. Gaffard ; 2e édit. 1 vol. in-18 de 200 pages compactes, br. **1 fr.**

La botanique au village, par S. Henry Berthoud ; 3e édition, 1 vol. in-12 avec fig., br. ou cart. **1 fr. 50 c.**

Bibliothèque de la science des campagnes, lectures agricoles et industrielles :

> **Terres cultivables,** *amendements et engrais,* par Baron.
> **Défrichements,** *irrigations et drainage,* par A. Ysabeau.
> **Instruments agricoles,** *labours, semailles, moissons,* par le même
> **Plantes alimentaires** *et plantes fourragères,* par le même.
> **Comptabilité agricole** *simplifiée,* par le même.
> **Plantes industrielles,** par le même.

---

chèques, timbres-poste , etc.

Les vignobles et les vergers, par LAUZA.
Vaches laitières, *bœufs et animaux d'attelage*, par COLLOT.
Porcs, lapins, *oiseaux de basse-cour*, par A. YSABEAU.
Abeilles, *vers à soie et pisciculture*, par A. LAUZA.
Entretiens sur l'utilité des oiseaux, par CH. VIEL.
Culture des arbres fruitiers *à tout vent*, par le docteur HENRI
    ISSARTIER.
Industries se rattachant à l'agriculture, par A. YSABEAU.
Le jardin potager, *culture maraîchère*, par LE MÊME.
La botanique des écoles, par J. PIZETTA.
Petit code pratique du cultivateur, par A. YSABEAU.
L'astronomie vulgarisée *à l'usage des écoles et des campagnes*, par
    A. BOILLOT.
Éléments de météorologie, par LE MÊME.
    18 volumes in-18 cart., chacun   **60 c.**

Simples notions sur l'achat des engrais commerciaux, exposé
élémentaire des faits qu'il importe aux cultivateurs de ne pas ignorer,
utilité des laboratoires de chimie agricole, par AD. BOPIERRE;
1 vol. in-12, avec pl. color.-hors texte et figures noires, br.   **2 fr.**
Petit cours de chimie agricole, par J. MALAGUTI, 1 vol. in-18; broché,
1 fr. 25, cart.   **1 fr. 40 c.**
Chimie agricole, par HENRI FABRE; 1 vol. in-12, avec fig.   **1 fr. 20 c.**

Veillées d'un vieux répartiteur de campagne, *petit Code rural des
Contributions directes*, par DESLIGNIÈRES et LAMBERT; 6e édit., 1 vol.
in-12, relié.   **2 fr.**
Catéchisme de droit public, *par demandes et par réponses*, à l'usage
des écoles et des cours d'adultes, par D. MILLET, auteur de l'*A B C des
Contributions directes*; 1 vol. in-12, br.   **75 c.**
Les bons conseils de M. le Maire *sur la police rurale, le droit rural,
le droit usuel*, par A. YSABEAU; 1 vol. in-12, br. ou cart.   **2 fr.**
Comptabilité agricole, par A. DUPERRON; 2 vol. in-4o obl. br.   **3 fr.**
Les richesses de la France, *étude complète sur la situation agricole,
industrielle et commerciale de la France et de ses colonies*, par E.
KLEINE; 1 fort vol. in-12, br.   **3 fr.**

NOTA. — Notre librairie se charge de la propagation de tous les
ouvrages relatifs à l'enseignement agricole et horticole.

---

www.ingramcontent.com/pod-product-compliance
Lightning Source LLC
Chambersburg PA
CBHW051623060726

47597CB00004B/1415